BEI GRIN MACHT SICH IHR WISSEN BEZAHLT

Das Open Web Application Security Project (OWASP) und Schwachstellen in Web-Applikationen. Risikoabschätzung des Vorfalls "Panama Papers"

Stefan Schärmeli

Bibliografische Information der Deutschen Nationalbibliothek:

Die Deutsche Nationalbibliothek verzeichnet diese Publikation in der Deutschen Nationalbibliografie; detaillierte bibliografische Daten sind im Internet über http://dnb.d-nb.de abrufbar.

ISBN: 9783346879417
Dieses Buch ist auch als E-Book erhältlich.

© GRIN Publishing GmbH
Trappentreustraße 1
80339 München

Druck und Bindung: Books on Demand GmbH, Norderstedt Germany
Gedruckt auf säurefreiem Papier aus verantwortungsvollen Quellen

Das vorliegende Werk wurde sorgfältig erarbeitet. Dennoch übernehmen Autoren und Verlag für die Richtigkeit von Angaben, Hinweisen, Links und Ratschlägen sowie eventuelle Druckfehler keine Haftung.

Das Buch bei GRIN: https://www.grin.com/document/1359863

Hausarbeit

DevSecOps und gängige Schwachstellen

Internationale Hochschule

Studiengang: **B.Sc. Cybersecurity**
Name: **Stefan Schärmeli**
Datum: **24. März 2023**

Inhaltsverzeichnis

Abkürzungsverzeichnis

CVSS   Common Vulnerability Scoring System.

CWE   Common Weakness Enumeration.

ICIJ   International Consortium of Investigative Journalists.

OWASP   Open Web Application Security Project.

SDLC   Software Development Lifecycle.

SIEM   Security and information event management.

Glossar

Exploit bezeichnet Programmcode, welcher die systematische Ausnutzung einer Software-Schwachstelle erlaubt.

Exploitability dt. Ausnutzbarkeit; beschreibt das nötige Fachwissen und/oder die Ressourcen, um eine bestimmte Schwachstelle in einer Applikation ausnutzen zu können.

Lateral Movement dt. Seitwärtsbewegung, beschreibt im Kontext von Penetration-Testing und/oder Hacking die Bewegung des Testers/Angreifers zwischen verschiedenen Systemen.

Offshore-Konto bezeichnet ein Konto im Ausland, wird jedoch häufig synonym für Konten in sog. Steuerparadiesen verwendet (welche ein besonders gutes Bankgeheimnis und normalerweise wenig Regulierung mit sich bringen).

Reverse-Shell bezeichnet den Aufbau einer Verbindung zur Kommandozeile auf einem Zielsystem. Um Firewalls zu umgehen wird die Verbindung ausgehend vom Zielsystem hin zum Angreifer-system aufgebaut (daher «reverse»).

Technical Impact dt. technische Auswirkung; beschreibt die technischen Auswirkungen einer Schwach-stelle, z.B. ob eine vollständige Kompromittierung des Systems möglich ist.

Threat Modeling bezeichnet eine schrittweise Vorgehensweise, mit welcher die Bedrohungslage für ein Softwaresystem erhoben werden kann. Dazu werden erst potenzielle Gefahren identifiziert für welche danach Gegenmassnahmen ermittelt werden. Dieser Prozess findet idealerweise kontinuierlich während des Software Development Lifecycle (SDLC) statt.

1. Einleitung

In dieser Arbeit werden folgende Fragestellungen rund um den Themenkomplex *«Überblick zu bekannten Schwachstellen»* und das Open Web Application Security Project (OWASP) erörtert:

1. Nach welchen Kriterien können OWASP Schwachstellen in Web-Applikationen beurteilt werden?
2. Wie erfolgt die Gewichtung der OWASP Top Ten und wie wird das Risiko von Schwachstellen bestimmt?

Um diese Erörterungen mit einem praxisnahen Beispiel zu illustrieren, wird im zweiten Teil auf eine konkrete Schwachstelle eingegangen. Anhand eines Sicherheitsvorfalls wird eine Risikoabschätzung gemäss der «OWASP Risk Rating Methodology» durchgeführt und es werden Möglichkeiten vorgestellt, wie dieser Vorfall verhindert hätte werden können.

1.1. Ziel und Abgrenzung

Das Ziel der Arbeit ist eine Vertiefung des Wissens rund um Schwachstellen in Web-Applikationen mit einem daraus resultierenden Transfer in den beruflichen Alltag. Zusätzlich soll das Bewusstsein für Risiken in der Applikations-Entwicklung und deren frühmöglichster Vermeidung geschaffen werden.

Um den Rahmen dieser Arbeit nicht zu sprengen, wird auf eine theoretische, tiefgreifende Untersuchung aller OWASP Top Ten Kategorien verzichtet. Auch auf neuere Modelle zur Risikobewertung wie beispielsweise den «Guide for Conducting Risk Assessments» des National Information Technology Laboratory (NIST) oder das «Rapid Risk Assessment» von Mozilla wird nicht eingegangen.

Die Arbeit ist in zwei Teile gegliedert: einen theoretischen Teil sowie eine Fallstudie. Den theoretischen Teil eröffnet eine Einführung in die OWASP Top Ten und deren Erhebungs-Methodologie, gefolgt von einer analytischen Auseinandersetzung mit der Formel zur Gewichtung der OWASP Top Ten. Dazu wird die OWASP Risk Rating Methodology untersucht und erläutert, wie das Risiko von Schwachstellen bestimmt werden kann.

Im zweiten Teil wird dieses theoretische Wissen auf einen konkreten Sicherheitsvorfall transferiert, in der vorliegenden Arbeit ist dies der Mossack Fonseca Hack (welcher in den sog. «Panama Papers» resultierte). Dazu wird eine Risikobewertung gemäss der vorgestellten OWASP Risk Rating Methodology durchgeführt und es werden Möglichkeiten zur Vermeidung dieses Vorfalls skizziert.

2. Grundlagen & Begrifflichkeiten

Das OWASP ist eine gemeinnützige Organisation mit dem Ziel, die Sicherheit in Web Applikationen zu verbessern (OWASP Foundation, 2023). Zur Erreichung dieses Ziels betreut das Projekt verschiedene Open-Source Software-Projekte und Dokumentationsmaterial, vernetzt Ortsgruppen miteinander und veranstaltet diverse (Online-) Konferenzen.

Zu den wohl bekanntesten Projekten des OWASP gehört die sog. OWASP Top Ten Liste, welche in regelmässigen Abständen von 4 Jahren überarbeitet wird. Die Liste enthält jeweils die 10 kritischsten Angriffsvektoren in Bezug auf Web-Applikationen und wird in einem streng definierten Umfrage-Prozess erhoben (OWASP Top Ten Project, 2023). Dabei wird eine Erstauswahl auf Basis der Common Weakness Enumeration (CWE) Liste getroffen; ausgewählt werden vor allem Kandidaten, welche es zuvor knapp nicht in die Top Ten geschafft haben, auf anderen Listen vertreten oder in grösseren Zwischenfällen prominent aufgefallen sind. Die aktuelle Liste aus dem Jahre 2021 wird in Kapitel 3 untersucht, jedoch ohne allzu sehr ins Detail zu gehen. Weiterführende Informationen und Ausführungen können der Projekt-Seite[1] entnommen werden.

Für eine korrekte Einordnung dieser Angriffsvektoren gemäss ihres Gefahrenpotentials ist eine Bewertung nach bestimmten Kriterien notwendig. Die Kriterien teilen sich in die Kategorien *Eintrittswahrscheinlichkeit* und *Auswirkung* auf und werden mittels detaillierter Faktoren weiter verfeinert. Dieses Modell ist unter dem Namen OWASP Risk Rating Methodology bekannt und wird im Kapitel 4 vertieft untersucht.

---

[1] https://owasp.org/Top10/

3. Die OWASP Top Ten Kategorien 2021

Die OWASP Top Ten Liste ist ein Quasi-Standard-Werk für die Sicherheit von Web-Applikationen, welches einen breit gestützten Konsens über kritischsten Sicherheitsrisiken derselben abbildet (OWASP Top Ten Project, 2023). Verglichen mit der vorherigen Ausgabe aus dem Jahr 2017 hat die aktuelle Ausprägung der Top Ten Liste einige interessante Verschiebungen mit sich gebracht:

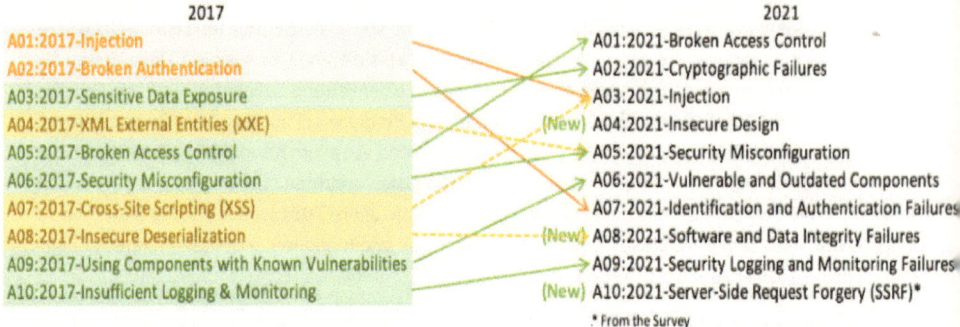

Abbildung 1.: OWASP Top Ten 2021 Bewegungen (OWASP Foundation, 2021b

Besonders hervorzuheben sind hierbei 2 Dinge: zum einen der markante Aufstieg der Kategorie *Broken Access Control* von Platz 5 auf die 1 und zum anderen der direkte Neueinstieg der Kategorie *Insecure Design* auf Platz 4. Interessant sind diese Kategorien aufgrund der unterschiedlichen Gründe für Ihre Prominenz. Die Kategorie Broken Access Control ist vorwiegend aufgrund der Inzidenz der zugeordneten CWE-Kategorien auf Platz 1. Der Neueinstieg von Insecure Design soll dem Umstand Rechnung tragen, dass die frühe Berücksichtigung von Sicherheitsmassnahmen ein integraler Bestandteil des SDLC sein muss.

Die aktuellste Ausgabe erfuhr einige einschneidende Änderungen bezüglich der Methodologie (OWASP Foundation, 2021b. Früher wurde die Datenerhebung auf ca. 30 CWE-Kategorien beschränkt, was dazu führte, dass sich Organisationen vorwiegend auf diese Kategorien fokussierten (was wiederum zu blinden Flecken führen konnte. Neu ist die einzige Bedingung für die Berücksichtigung einer CWE-Kategorie ein einmaliges Auftreten derselben während eines Tests. Zusätzlich wird neu nicht mehr die Häufigkeit einer Schwachstelle berücksichtigt, sondern deren Inzidenz. Es ist für die Top Ten also unerheblich, ob eine bestimmte Schwachstelle 1- oder 1'000-mal innerhalb derselben Applikation auftritt. Der Hintergrund dieser Entscheidung ist der Umstand, dass für einen Angreifer ein einzelner entdeckter Angriffsvektor ausreicht. Eine weitere entscheidende Änderung ist der Einsatz von Daten für die Bewertung der Kriterien «Exploitability» und «Technical Impact»: frühere Ausgaben basierten auf einer qualitativen Einschätzung derselben durch Experten.

Da die Erhebung solcher belastbarer Daten viel Zeit benötigt, dies jedoch in einem starken Kontrast zur Beweglichkeit und Dynamik des Umfelds steht, werden nur 8 von 10 Kategorien mittels Daten ausgewählt. Die übrigen 2 Kategorien wurden mit einer Umfrage bei Fachleuten aus Industrie und Wirtschaft ermittelt (Brian Glas, 2021).

4. Die OWASP Risk Rating Methodology

Der Bewertung von Risiken ist während der Entwicklung und dem Betrieb von Software ein ähnlich hoher Bedeutungsgrad beizumessen wie der Entdeckung von Schwachstellen (OWASP Foundation, 2022). Eine korrekte Bewertung dieser Risiken erlaubt es einer Organisation, zweckmässige und gut informierte Entscheidungen bezüglich allfälliger Massnahmen zu treffen.

Ein solches Bewertungssystem hilft auch weniger technisch versierten Entscheidungsträgern ein Verständnis für diese Risiken zu entwickeln. Dies führt zu Zeiteinsparungen und Effizienzgewinnen bei Priorisierungen von Entwicklungs- oder Betriebsarbeiten, da alle involvierten Stakeholder dieselbe Informationsgrundlage besitzen. Damit diese Grundlage auf korrekten Annahmen basiert, ist eine bedürfnisgerechte Anpassung der OWASP Risk Rating Methodology an die Organisation wichtig; was für die eine Organisation eine höchst kritische Schwachstelle ist, kann für eine andere eine eher unwichtige sein.

Das Standard-Modell für eine solche Risikobewertung sieht wie folgt aus:

$$Risiko = Eintrittswahrscheinlichkeit \cdot Auswirkung$$

In einem ersten Schritt muss eine Risikoidentifikation erfolgen: Diese wird nicht näher beleuchtet, jedoch ist es empfehlenswert stets vom schlimmsten anzunehmenden Fall auszugehen. Die Faktoren, aus welchen sich die Variablen *Eintrittswahrscheinlichkeit* und *Auswirkung* zusammensetzen, werden im nächsten Kapitel eingehend beleuchtet.

4.1. Bewertung

Eintrittswahrscheinlichkeit

Die Wahrscheinlichkeit, dass eine bestimmte Schwachstelle durch einen Angreifer entdeckt und ausgenutzt wird, bezeichnen wir im Kontext der Risk Rating Methodology als *Eintrittswahrscheinlichkeit*. Um die Eintrittswahrscheinlichkeit eines Risikos zu quantifizieren, werden 2 verschiedene Gruppen von Faktoren verwendet (OWASP Foundation, 2022):

- Bedrohungsakteur – wer sind die Angreifer?
  - Qualifikation – welche Fähigkeiten besitzen die Akteure?
  - Motivation – wie motiviert sind die Akteure?
  - Gelegenheit – welche Möglichkeiten und Ressourcen sind vonnöten?
  - Gruppengrösse – wie gross ist die Gruppe der Akteure?
- Schwachstelle – durch welche Merkmale zeichnet sich die betroffene Schwachstelle aus?
  - Auffindbarkeit – wie einfach ist die Schwachstelle zu finden?
  - Ausnutzbarkeit – wie einfach ist die Schwachstelle auszunutzen?
  - Bekanntheit – wie bekannt ist die Schwachstelle bei den Bedrohungsakteuren?
  - Einbruchserkennung – wie einfach kann eine Ausnutzung erkannt werden?

Die detaillierten Bewertungsschemata zu beiden Faktorengruppen sind im Anhang unter A.1 respektive A.2 in tabellarischer Form zu finden.

Aus dem arithmetischen Mittel dieser Bewertungen ergibt sich die Eintrittswahrscheinlichkeit, welche für die weitere Ermittlung des Gesamtrisikos verwendet werden kann. Eine beispielhafte Berechnung könnte wie folgt aussehen:

Bedrohungsakteur				Schwachstelle			
Qualifikation	Motivation	Gelegenheit	Gruppengrösse	Auffindbarkeit	Ausnutzbarkeit	Bekanntheit	Erkennung
5	2	7	2	3	6	9	2
Eintrittswahrscheinlichkeit = 4.375							

Tabelle 1.: Berechnung der Eintrittswahrscheinlichkeit (OWASP Foundation, 2022)

Auswirkung

Um die potenziellen Auswirkungen eines erfolgreichen Angriffs ganzheitlich abschätzen zu können, wird zwischen technischen und geschäftlichen Auswirkungen unterschieden:

- Technische Auswirkungen
    - Vertraulichkeit – wie viele und wie kritische Daten könnten offengelegt werden?
    - Integrität – wie viele Daten könnten wie stark korrumpiert werden?
    - Verfügbarkeit – welche Dienste könnten wie stark eingeschränkt werden?
    - Verantwortlichkeit – sind die Taten der Bedrohungsakteure nachvollziehbar?
- Geschäftliche Auswirkungen
    - Finanzieller Schaden – wie hoch ist der potenzielle finanzielle Schaden?
    - Rufschaden – besteht die Gefahr einer Rufschädigung?
    - Vorschriftverletzung – besteht die Gefahr, Vorschriften / Gesetze zu verletzen?
    - Verletzung der Privatsphäre – wie viele Personen wären von einer Offenlegung persönlicher Informationen betroffen?

Obwohl die geschäftlichen auf den technischen Auswirkungen basieren, erfordern sie doch ein tieferes Verständnis für Prozesse und Prioritäten der betroffenen Firma. Falls die geschäftlichen Auswirkungen mit hoher Zuversicht abgeschätzt werden können, sind diese den technischen Auswirkungen stets vorzuziehen (OWASP Foundation, 2022). Liegen jedoch nicht genügend Informationen vor, sollten die technischen Auswirkungen so detailliert wie möglich beschrieben werden, damit Entscheidungsträger in der Abwägung des Geschäftsrisikos so gut wie möglich unterstützt werden können.

Die detaillierten Ausprägungen dieser Faktoren sind im Anhang unter A.3 respektive A.4 zu finden.

Für eine korrekte Bewertung des Gesamtrisikos ist es empfehlenswert, die technischen und die geschäftlichen Auswirkungen separat zu berechnen. So ergeben sich diese Auswirkungen beispielhaft wie folgt:

technische Auswirkungen				geschäftliche Auswirkungen			
Vertrau- lichkeit	Integrität	Verfügbar- keit	Verant- wortlich- keit	finanziel- ler Schaden	Rufscha- den	Vorschrift- verletzung	Verletzung der Privat- sphäre
9	7	5	8	1	2	1	5
technische Auswirkungen = 7.25				geschäftliche Auswirkungen = 2.25			

Tabelle 2.: Berechnung der Auswirkungen (OWASP Foundation, 2022)

4.2. Risikobestimmung

Mit den erhobenen Durchschnittswerten für die *Eintrittswahrscheinlichkeit* sowie die *Auswirkungen* kann nun eine Risikobewertung vorgenommen werden. Dazu werden die berechneten Werte auf einer Skala in die Kategorien TIEF (0 bis 3 Punkte), MITTEL (3 bis 6 Punkte) und HOCH (6 bis 9 Punkte) eingeteilt, woraus sich das Gesamtrisiko ergibt:

Gesamtrisiko			
	HOCH	Mittel	Hoch	Kritisch
	MITTEL	Tief	Mittel	Hoch
Auswirkung	TIEF	Hinweis	Tief	Mittel
		TIEF	MITTEL	HOCH
		Eintrittswahrscheinlichkeit		

Tabelle 3.: Berechnung des Gesamtrisikos (OWASP Foundation, 2022)

Die rot markierten Felder illustrieren die Verortung der in den Tabellen 1 und 2 berechneten Beispiele.

Hierbei ist es wichtig zu verstehen, dass bei dieser Bewertung die geschäftlichen Auswirkungen wie empfohlen bevorzugt wurden. Wäre dies aufgrund fehlender Informationen und/oder Expertise nicht möglich gewesen, müsste sich die Bewertung auf die technischen Auswirkungen abstützen. Dies hätte eine Hochstufung dieses Risikos auf «Hoch» zur Folge gehabt, weil die Kennzahl mit 7.25 bedeutend höher ist als die 2.25 für geschäftliche Auswirkungen.

Dieses Beispiel verdeutlicht die Wichtigkeit, die technischen Bewertungskriterien in einen geschäftlichen Kontext zu setzen, um damit eine korrekte Priorisierung zu gewährleisten. Würde die Priorisierung in unserem Beispiel rein aufgrund technischer Kriterien erfolgen, bestünde die Gefahr, dass anderen, geschäftlich existentiell bedrohlichen Risiken zu wenig Beachtung geschenkt würde.

5. Der Mossack Fonseca Hack

Als im April 2016 ein Datenleck unter dem Namen «Panama Papers» bekannt wurde, schlug die Nachricht ein wie eine Bombe: 11,5 Millionen Dateien über die Briefkastenfirmen von 130 Politikern und über 600 Namen auf der UN-Sanktionsliste (Süddeutsche Zeitung, 2016). Die betroffene Firma, Mossack Fonseca, ist eine kleine Kanzlei mit Sitz in Panama, welche sich auf die Eröffnung von Briefkastenfirmen und Offshore-Konten spezialisiert hat. Eine eingehende Analyse dieses Datenbergs legte ein noch nie dagewesenes Netzwerk offen, welches von Anwaltskanzleien und Grossbanken für zweifelhafte Geschäfte mittels Offshore-Konten verwendet wurde. Zu deren illustren Kundschaft, welche das International Consortium of Investigative Journalists (ICIJ) aufdeckte, gehören unter anderem namhafte Politiker, Drogenhändler und Warlords.

Gemäss Sicherheitsexperten begann alles mit der Ausnutzung diverser Sicherheitslücken aus der OWASP-Kategorie «A06:2021-Vulnerable and Outdated Components»[2] und darauf folgenden Angriffen auf den E-Mail-Server (Mark Maunder, 2016b). Der hier untersuchte Vorfall blieb auch für die OWASP Top Ten nicht ohne Folgen: Die Kategorie erfuhr einen steilen Aufstieg von Rang 9 auf 6 und belegte sogar den zweiten Platz in der Umfrage unter den Fachleuten (OWASP Foundation, 2021a).

---

[2]https://owasp.org/Top10/A06_2021-Vulnerable_and_Outdated_Components/

5.1. Ablauf des Angriffs

Die Rekonstruktion solcher Angriffe ist immer mit Vorsicht zu geniessen: häufig wurden die ausgenutzten Lücken bereits gepatcht oder das Vorgehen wurde nicht öffentlich gemacht. So ist es auch im vorliegenden Fall, es gibt jedoch diverse Sicherheitsexperten, welche sich an einer Rekonstruktion der Vorfälle versucht haben (Mark Maunder, 2016a). Laut dieser Quellen wurde der Initial-Zugang via Reverse-Shell durch die Ausnutzung einer verwundbaren Version des WordPress-Plugins «Revolution Slider» erlangt. Fatalerweise (für Mossack Fonseca) befand sich deren E-Mail-Server im selben Netzwerk wie der angegriffene Webserver. Die durch den Initial-Zugang erlangten Zugangsdaten (via WordPress-Konfiguration in der Datenbank) erlaubten es den Angreifern, die Mailboxen der Angestellten zu plündern. Mit gut 4,8 Millionen Dateien machen Sie auch den grössten Anteil des Datenlecks aus:

Anmerkung der Redaktion:
aus urheberrechtlichen Gründen wurde diese Abbildung entfernt

Abbildung 2.: Zusammensetzung Panama Papers nach Dateityp (Süddeutsche Zeitung, 2016)

Den Zugang zu den gut 2,3 Millionen Dokumenten konnten sich die Angreifer auf ähnliche Art und Weise verschaffen: Das Kundenportal von Mossack Fonseca wurde auf einer verwundbaren und veralteten Version von Drupal betrieben. Die Ausnutzung dieser Schwachstelle, welche bereits im Jahre 2014 bekannt gemacht wurde, war trivial und stellte für die Angreifer keine Herausforderung dar.

5.2. Risikobewertung

Da Mossack Fonseca im vorliegenden Fall jegliche an Kunden und Partner gerichtete Kommunikation sowie alle relevanten Kundendokumente entwendet wurde, lautet das zu bewertende Risiko «Diebstahl sämtlicher Geschäftsdaten».

Wie im theoretischen Teil beschrieben, wird in einem ersten Schritt die Eintrittswahrscheinlichkeit für das Risiko berechnet. Im Falle des Mossack Fonseca Hacks ist dieses Risiko aufgrund mehrerer Faktoren als sehr hoch einzuschätzen:

Bedrohungsakteur					Schwachstelle			
Qualifikation	Motivation	Gelegenheit	Gruppengrösse		Auffindbarkeit	Ausnutzbarkeit	Bekanntheit	Erkennung
7	9	9	9		9	9	9	8
Eintrittswahrscheinlichkeit = 8.375								

Tabelle 4.: Eintrittswahrscheinlichkeit «Diebstahl sämtlicher Geschäftsdaten»

Die Qualifikation der Akteure ist irgendwo zwischen Programmierer und Penetration-Tester einzuordnen, da sie mutmasslich mit automatisierten Tools vorgingen und mit Konzepten wie Lateral Movement vertraut waren (Mark Maunder, 2016a, 2016b). Bei den restlichen Faktoren für die Akteure habe ich mich für die höchste Klassifizierung entschieden, da die Motivation durch die potenziell grosse Belohnung hoch, der Bedarf an Ressourcen klein und die mögliche Gruppe von Angreifern sehr gross ist.

Die Bewertung der Schwachstelle ist ebenfalls eher einseitig: bis auf einen Faktor sind alle mit dem Maximum bewertet. Dies aufgrund der bereits lange vorliegenden Exploits[3,4] und dem daraus resultierenden, hohen Bekanntheitsgrad. Die Einordnung der Einbruchserkennung erfolgte gemäss meiner persönlichen Einschätzung aufgrund der Faktenlage, welche auf einen doch sehr unbeholfenen Umgang mit dem Thema Security schliessen lässt.

Damit lässt sich die Eintrittswahrscheinlichkeit mit dem Wert 8.375 (Hoch) beziffern.

---

[3]https://www.exploit-db.com/exploits/35385
[4]https://www.exploit-db.com/exploits/34993

Die Einschätzung der technischen und geschäftlichen Auswirkungen zeigt ein differenzierteres Bild:

technische Auswirkungen				geschäftliche Auswirkungen			
Vertrau-lichkeit	Integrität	Verfügbar-keit	Verant-wortlich-keit	finanziel-ler Schaden	Rufscha-den	Vorschrift-verletzung	Verletzung der Privat-sphäre
9	1	1	7	9	9	9	6
technische Auswirkungen = 4.5				geschäftliche Auswirkungen = 8.25			

Tabelle 5.: Auswirkungen «Diebstahl sämtlicher Geschäftsdaten»

Hier ist vor allem die tiefe Bewertung der Gefährdung von Daten-Integrität sowie -Verfügbarkeit hervorzuheben. Diese ist im vorliegenden Risiko nicht gegeben und wird dadurch mit dem tiefsten Wert beziffert. Die geschäftlichen Auswirkungen hingegen sind desaströs und werden nur leicht abgemindert durch den Umstand, dass Mossack Fonseca's Kundenstamm relativ überschaubar ist.

Damit ergibt sich für die technischen Auswirkungen eine Bewertung von 4.5 (Mittel), für die geschäftlichen Auswirkungen eine 8.25 (Hoch).

Da nun alle nötigen Daten für eine Gesamtrisikobewertung vorhanden sind, können wir diese unter Berücksichtigung der geschäftlichen Auswirkungen wie folgt vornehmen:

Gesamtrisiko				
	HOCH	Mittel	Hoch	Kritisch
	MITTEL	Tief	Mittel	Hoch
Auswirkung	TIEF	Hinweis	Tief	Mittel
		TIEF	MITTEL	HOCH
	Eintrittswahrscheinlichkeit			

Tabelle 6.: Risikobewertung «Diebstahl sämtlicher Geschäftsdaten»

5.3. Handlungsempfehlungen

Um dieses kritische Risiko abzumindern, empfehlen sich die folgenden technischen Sofort-Massnahmen:

- Update der veralteten Wordpress-Plugins und der Drupal-Installation
- Untersuchen der Systeme auf Backdoors durch einen Penetration-Tester

Durch diese Massnahmen kann die Eintrittswahrscheinlichkeit schon massiv reduziert werden, weil Auffind-, Ausnutzbarkeit und Bekanntheit der Schwachstelle neu mit einer 0 zu bewerten wären (keine bekannte Schwachstelle).

Durch weiterführende organisatorische Massnahmen lässt sich das Risiko weiter reduzieren:

- Sicherstellung der Nachvollziehbarkeit bei unautorisierten Zugriffen
- Anwendung des Minimal-Prinzips auf Zugriffsberechtigungen bei Kundendaten
- Einführen eines zentralen Security and information event management (SIEM)

Eine Implementierung dieser Massnahmen würde zu einer neuen Eintrittswahrscheinlichkeit von 4.125 führen: Die Schwachstellen sind nicht mehr vorhanden, durch das SIEM werden Anomalien aktiv detektiert und die Gelegenheit ist auch nicht mehr im selben Ausmass gegeben.

Im Bereich der geschäftlichen Auswirkungen zeigt sich durch diese Massnahmen wie erwartet keine Veränderung, das bewertete Risiko hätte bei Eintritt immer noch verheerende Folgen für die Firma.

Trotzdem ist das Gesamtrisiko nicht mehr als «Kritisch» zu bewerten, wie folgende Aufstellung zeigt:

Gesamtrisiko				
Auswirkung	HOCH	Mittel	Hoch	Kritisch
	MITTEL	Tief	Mittel	Hoch
	TIEF	Hinweis	Tief	Mittel
		TIEF	MITTEL	HOCH
	Eintrittswahrscheinlichkeit			

Tabelle 7.: Risikobewertung «Diebstahl sämtlicher Geschäftsdaten» (nach Massnahmen)

6. Fazit

Die OWASP Top Ten stellt seit Jahrzehnten ein Quasi-Standard-Werk für die Sicherstellung von Applikations-Sicherheit im Web-Umfeld dar. In einem 4-Jahres-Turnus veröffentlicht erfährt die Liste mit jeder Version methodische und auch inhaltliche Verbesserungen, was sie zu einem bedeutenden Instrument für IT-Abteilungen und Experten weltweit macht.

Die Anwendung der OWASP Risk Rating Methodology auf den Mossack Fonseca Hack zeigt vor allem die Wichtigkeit einer Priorisierung der geschäftlichen Auswirkungen auf: selbst weitgehende organisatorische Massnahmen wie beispielsweise die Einführung eines SIEM vermögen es nicht, diese zu mindern. Auf der anderen Seite kann mit der konsequenten Anwendung von Prozessen im Bereich Patch-Management und Software-Komponenten-Analyse sehr viel erreicht werden bezüglich der Reduktion der Eintretenswahrscheinlichkeit.

Das Ziel dieser Arbeit war es, die Methodologie zur Erstellung der OWASP Top Ten Liste zu erörtern, gefolgt von einer theoretischen Analyse der OWASP Risk Rating Methodology. Basierend darauf sollte ein Transfer in die Praxis erfolgen, um dieses Wissen im Berufsalltag einsetzen zu können.

Mithilfe einer Untersuchung des Mossack Fonseca Hacks wurde die Risikobewertungsmethodik veranschaulicht und erlaubt dadurch einen Transfer des erlangten Wissens in die Praxis. Das vorliegende Modell lässt sich problemlos auf beliebige Fälle im Berufsalltag anwenden und erlaubt auch bei partiellem Einsatz eine methodisch gestützte Sicht auf Risiken.

Jedoch habe ich festgestellt, dass gewisse Bewertungskriterien zum einen schwierig feststellbar sind und zum anderen das tatsächliche Bedrohungsbild verzerren können (beispielsweise die Fähigkeiten des Bedrohungsakteurs). Gemäss eines Disclaimers von OWASP werden andere, reifere oder populärere Frameworks[5,6] oder Konzepte wie Threat Modeling zur Risikobewertung empfohlen. Auch zur Bewertung von konkreten Schwachstellen gibt es bessere Wege wie beispielsweise das Common Vulnerability Scoring System (CVSS)[7].

Das Umfeld der Risikobewertung ist ein sehr interessantes Gebiet, welches sich aufgrund der hohen Aktivität stets im Wandel befindet. Gerade deswegen ist es als Experte wie auch als Unternehmen äusserst wichtig, dem aktuellen Stand der Forschung auf diesem Gebiet zu folgen.

---

[5] https://doi.org/10.6028/NIST.SP.800-30r1
[6] https://infosec.mozilla.org/guidelines/risk/rapid_risk_assessment.html
[7] https://www.first.org/cvss/v3.1/specification-document

Literaturverzeichnis

[1] Brian Glas. (2021). Building the 2021 Top Ten Survey [zuletzt geprüft am 04.03.2023]. https://www.owasptopten.org/building-the-2021-top-ten-survey

[2] Mark Maunder. (2016a). Mossack Fonseca Breach – WordPress Revolution Slider Plugin Possible Cause [zuletzt geprüft am 23.03.2023]. https://www.wordfence.com/blog/2016/04/mossack-fonseca-breach-vulnerable-slider-revolution/

[3] Mark Maunder. (2016b). Panama Papers: Email Hackable via WordPress, Docs Hackable via Drupal [zuletzt geprüft am 23.03.2023]. https://www.wordfence.com/blog/2016/04/panama-papers-wordpress-email-connection/

[4] OWASP Foundation. (2018). File:OWASP Risk Rating Template Example.xlsx [zuletzt geprüft am 15.03.2023]. https://wiki.owasp.org/index.php/File:OWASP_Risk_Rating_Template_Example.xlsx

[5] OWASP Foundation. (2021a). A06 Vulnerable and Outdated Components - OWASP Top 10:2021 [zuletzt geprüft am 21.03.2023]. https://owasp.org/Top10/A06_2021-Vulnerable_and_Outdated_Components/

[6] OWASP Foundation. (2021b). OWASP Top 10:2021 [zuletzt geprüft am 11.03.2023]. https://owasp.org/Top10/

[7] OWASP Foundation. (2022). OWASP Risk Rating Methodology [zuletzt geprüft am 24.03.2023]. https://owasp.org/www-community/OWASP_Risk_Rating_Methodology

[8] OWASP Foundation. (2023). OWASP Foundation, the Open Source Foundation for Application Security [zuletzt geprüft am 21.03.2023]. https://owasp.org/

[9] OWASP Top Ten Project. (2023). The Making of the OWASP Top Ten [zuletzt geprüft am 02.03.2023]. https://www.owasptopten.org/themakingoftheowasptopten

[10] Süddeutsche Zeitung. (2016). Das sind die Panama Papers [zuletzt geprüft am 23.03.2023]. https://panamapapers.sueddeutsche.de/articles/56ff9a28a1bb8d3c3495ae13/

Abbildungsverzeichnis

Tabellenverzeichnis

A.1. Bedrohungsakteur

Bedrohungsakteur				
Wert	Qualifikation	Motivation	Gelegenheit	Gruppengrösse
0			Vollzugriff oder teure Ressourcen nötig	
1	Keine technische Qualifikation	Tiefe oder keine Belohnung		
2				Entwickler / Systemadministratoren
3	Einige technische Qualifikationen			
4		mögliche Belohnung	spezieller Zugriff oder Ressourcen nötig	Intranet
5	Fortgeschrittene technische Qualifikationen			Partner
6	Qualifikationen in den Bereichen Netzwerk & Programmieren			authentifizierte Benutzer
7			Partieller Zugriff oder Ressourcen nötig	
8				
9	Fähigkeiten im Bereich Penetration-Testing	hohe Belohnung / wertvolles Ziel	kein Zugang oder Ressourcen nötig	Anonyme Internet-Benutzer

Tabelle 8.: Faktoren zur Bewertung von Bedrohungsakteuren (OWASP Foundation, 2018)

A.2. Schwachstelle

Wert	Schwachstelle			
	Auffindbarkeit	Ausnutzbarkeit	Bekanntheit	Einbruchserkennung
0				
1	Praktisch unmöglich	theoretisch	unbekannt	aktive Erkennung in der Anwendung
2				
3	schwierig	schwierig		überprüfter Logeintrag
4			Bedingt bekannt	
5	Einfach	Einfach		
6			Hoch	
7	Einfach			
8				ungeprüfter Logeintrag
9	automatische Tools verfügbar	automatische Tools verfügbar	Allgemein bekannt	kein Logeintrag

Tabelle 9.: Faktoren zur Bewertung von Schwachstellen (OWASP Foundation, 2018)

A.3. Technische Auswirkung

Wert	Vertraulichkeit	Integrität	Verfügbarkeit	Verantwortlichkeit
			technische Auswirkungen	
0				
1		Minimale schwache Datenkorruption	minimale Unterbrüche von Nebendiensten	vollständig nachvollziehbar
2	Minimale Offenlegung nicht-sensibler Daten			
3		Minimale schwere Datenkorruption		
4	Minimale Offenlegung kritischer Daten, umfangreiche Offenlegung nicht-sensitiver Daten			
5	Umfangreiche Offenlegung kritischer Daten	Umfangreiche schwache Datenkorruption	minimale Unterbrüche von Hauptdiensten, umfangreiche Unterbrüche bei Nebendiensten	
6				
7		Umfangreiche schwere Datenkorruption	umfangreiche Unterbrüche von Hauptdiensten	möglicherweise nachvollziehbar
8				
9	Vollständige Offenlegung aller Daten	alle Daten vollständig korrupt	vollständiger Unterbruch aller Dienste	komplett anonym

Tabelle 10.: Faktoren zur Bewertung der technischen Auswirkungen (OWASP Foundation, 2018)

A.4. Geschäftliche Auswirkung

Wert	geschäftliche Auswirkungen			
	finanzieller Schaden	Rufschaden	Vorschriftverletzung	Verletzung der Privatsphäre
0				
1	Tiefer als die Kosten zur Behebung der Schwachstelle	Minimaler Schaden		
2			kleine Verletzung	
3	kleine Auswirkung auf Jahresgewinn			Einzelperson
4		Verlust einiger Grosskunden		
5		Vertrauensverlust	Klare Verletzung	Hunderte von Personen
6				
7	signifikante Auswirkung auf den Jahresgewinn		massive Verletzung	Tausende von Personen
8				
9	Konkurs	Markenschädigung		Millionen von Personen

Tabelle 11.: Faktoren zur Bewertung der geschäftlichen Auswirkungen (OWASP Foundation, 2018)

BEI GRIN MACHT SICH IHR WISSEN BEZAHLT

- Wir veröffentlichen Ihre Hausarbeit,
  Bachelor- und Masterarbeit

- Ihr eigenes eBook und Buch -
  weltweit in allen wichtigen Shops

- Verdienen Sie an jedem Verkauf

Jetzt bei www.GRIN.com hochladen
und kostenlos publizieren